Stefanie Manseck

La marca en la roca

Basado en el texto original
de Mary Frank

Ernst Klett Sprachen
Stuttgart

Lösungen: Auf **www.klett-sprachen.de**
diesen Code ins Suchfeld eingeben: **x8teecv**

1.Auflage 1 5 4 3 2 | 2025 24 23 22

Internetadresse: www.klett-sprachen.de

Redaktion: Marcelo Rodríguez
Layoutkonzeption: Andreas Drabarek
Gestaltung und Satz: Satzkasten, Stuttgart
Umschlaggestaltung: Andreas Drabarek
Titelbild: Matthias Pflügner, Berlin
Illustrationen: Matthias Pflügner, Berlin
Druck und Bindung: Plump Druck & Medien GmbH, Rolandsecker Weg 33, 53619 Rheinbreitbach
Printed in Germany

ISBN 978-3-12-560205-2

¡Hola, estudiantes de español!

Dies hier ist ein besonderes Buch: Du darfst es verändern, dich einbringen, selbst entscheiden, Rätsel lösen und Strategien anwenden. Das Buch besteht aus zwei Teilen: Im Strategieteil (S. I-XXVI) lernst du in 10 *retos* (Herausforderungen) wichtige Lesestrategien und du wirst fit fürs Lesen. Im Lektüreteil (S. 1-68) liest du mit *La marca en la roca* ein ganzes Buch auf Spanisch, erlebst ein spannendes Leseabenteuer und entscheidest selbst, wie es weitergeht.

Hier ist dein Fahrplan durch das Buch:

Du beginnst mit den ersten 7 *retos* im Strategieteil (S. I-XIX) und bist dann optimal auf das Lesen vorbereitet. Überprüfe nach jedem *reto* deine Lösungen selbstständig mit dem Mediencode und korrigiere Fehler mit einer anderen Farbe, damit du siehst, was du gelernt hast und worauf du noch achten musst.
Dann versinkst du mit dem Lektüreteil (S. 1-68) in deinem Leseabenteuer, löst geheimnisvolle Rätsel und schreibst dein eigenes *diario de lectura* (Lesetagebuch S. XIX). Dies wird am Ende zusammen mit deinem ausgefüllten Stategieteil bewertet.
Wenn du mit der Lektüre fertig bist, überarbeitest du mit den *retos* 8-10 des Strategieteils (S. XX-XXV) dein *diario de lectura* inhaltlich und sprachlich, so dass es ein voller Erfolg wird. Für ganz Schnelle gibt es sogar ein *reto extra* (XXVI).

Damit du komplett in die spanische Sprache eintauchen kannst, ist bis auf diese Einführung alles auf Spanisch. Besonders die Arbeitsaufträge im Strategieteil kennst du schon aus dem Spanischunterricht, ansonsten helfen dir auch die Beispiele ☺.

Und nun geht´s los: Verschaffe dir zunächst mit dem ***Camino de la Iluminación*** (**Weg der Erleuchtung**) einen Überblick über die wichtigen Lernstrategien, die du in den *retos* lernst:

El camino de la iluminación (*Erleuchtung*)
En esta parte del libro vas a pasar 10 retos (*Herausforderungen*). Después de cada reto pon uno de los tres símbolos en los círculos para evaluar tu experiencia con el reto. 1 poca iluminación. 2 suficiente iluminación. 3 mucha iluminación.

Reto 4: Las palabras importantes
Entiendo y aprendo el vocabulario importante.

Reto 5: El glosario (*Vokabelliste*)
Sé cómo funciona el glosario y busco palabras en él.

Reto 6: Leer con una hipótesis
Tengo una hipótesis y leo con un plan.

Reto 7: El diario de lectura (*Lesetagebuch*)
Puedo resumir (*zusammenfassen*) informacio tomar decisiones y explicar por qué.

Reto 10: Valoración (*Bewertung*).
Valoro mi diario según criterios. Mi profesor/a también hace una valoración sobre mi trabajo.

Schätze nach jedem geschafften *reto* deinen Lernerfolg mit den Symbolen Blitz (teilweise Erleuchtung), Mond (ziemliche Erleuchtung) oder Sonne (totale Erleuchtung) ein, damit du siehst, wie weit du schon bist und was du schon kannst.

Ich wünsche dir viel Spaß mit *La marca en la roca…*

Stefanie Manseck

Reto 1: El título y la portada
(*Titelseite*)
Entiendo el título y la ilustración de la portada.

Reto 2: Las estrategias para entender palabras nuevas
Conozco estrategias para entender nuevas palabras.

Reto 3: El marcapáginas
(*Lesezeichen*)
Uso el marcapáginas y repaso las estrategias.

Reto 8: Primeras evaluaciones
Evalúo mi manera de leer el libro y el contenido (*Inhalt*) de mi diario.

Reto 9: Revisión de la lengua
Reviso la lengua y corrijo errores de mi diario.

Reto extra: Un producto de lectura
Invento un concurso con preguntas, un juego, un cómic, un radioteatro, una fotonovela, etc., sobre *La marca en la roca*.

Reto 1: El título y la portada (*Titelseite*)

1. ¿Qué significa el título "La marca en la roca"? (Piensa en palabras similares del inglés o del alemán.)

la marca - ....

la roca - ....

▷ Siehe Learning App

2. Mira bien la imagen de la portada (*Titelseite*) del libro "La marca en la roca" y escribe las palabras de abajo al lado de la imagen en las flechas correspondientes (*auf die entsprechenden Pfeile*):

la marca – la fogata – la cueva (en la roca)
la armadura (de un caballero) – la chaqueta
el escudo (con un símbolo) – la linterna – ~~la estalactita~~

la estalactita

3. ¿Cómo sabes qué significan las palabras nuevas?
Combina con flechas (→) las palabras con una estrategia (o más) para entender palabras nuevas.

Palabra nueva
la marca
la fogata
la cueva (en la roca)
la linterna
la armadura (de un caballero)
el escudo (con un símbolo)
la chaqueta

Estrategia para entender
el contexto (otras palabras en la frase)
la imagen
una palabra alemana p.ej. *der Bus* → el bus
una palabra inglesa o de otra lengua p.ej. *the rock* → la roca
una palabra española de la misma familia p.ej. amigo → amistad

4. Describe la imagen de la portada con un mínimo de cinco frases.

Reto 2: Las estrategias para entender palabras nuevas

1. *La marca en la roca* es una lectura muy especial. La introducción (página 1) te explica cómo funciona la lectura. Hay algunas palabras nuevas y complicadas, por ejemplo:

retroceder, descubrir y escoger.

Primero decide qué clase de palabras son. Marca con una cruz:

☐ Verbos	☐ Sustantivos	☐ Adjetivos

2. Lee la página 1, intenta entender las palabras nuevas y combínalas con sus sinónimos (•- - - - -►)

retroceder •- - -	- - -► encontrar
descubrir •- - -	- - -► elegir, seleccionar
escoger •- - -	- - -► volver

3. ¿Qué estrategias has utilizado? Marca con cruces (x).

	He entendido la palabra nueva con ayuda del contexto.
	He entendido la palabra nueva con ayuda de la imagen.
	He entendido la palabra nueva con ayuda de una palabra alemana.
	He entendido la palabra nueva con ayuda de una palabra inglesa o de otra lengua.
	He entendido la palabra nueva con ayuda de una palabra española de la misma familia.
	He entendido la palabra nueva con ayuda de la construcción (Zusammensetzung) de una palabra.

4. Analizar la construcción de una palabra es una estrategia muy útil. Aquí tienes los prefijos (*Vorsilben*) más importantes:

inaceptable	=	in + aceptable	→	un-akzeptabel
reanimar	=	re + animar	→	wieder-beleben
interacción	=	inter + acción	→	Zwischen-aktion
extraer	=	ex + traer	→	heraus-ziehen
predecir	=	pre + decir	→	vorher-sagen
antítesis	=	anti + tesis	→	Gegen-These/Anti-These
descargar	=	des + cargar	→	ent-laden
retrospectiva	=	retro + spectiva	→	Rück-blick

▷ siehe Learning App

Combina con flechas (→) los prefijos con su significado:

Prefijo		Significado (Bedeutung)
in-	→ (no)	entre
re-		no
inter-		otra vez
ex-		antes
pre-		fuera
anti-		en dos / al revés (andersherum)
des-		atrás (rückwärts, zurück)
retro-		contra

5. Analiza los siguientes verbos de la introducción (página 1):

descubrir* = des + cubrir → ent-decken

intercambiar = ………… + ………… → …………

recorrer = ………… + ………… → …………

escoger (ex) = ………… + ………… → …………

retroceder* = ………… + ………… → …………

*ayuda: cubrir – zudecken (ingl: cover), ceder = caminar

▷ auf Learning App

6. Ahora lee otra vez la introducción de *La marca en la roca* (página 1) y concéntrate en el contenido (*Inhalt*). ¿Has entendido cómo funciona el libro?

¿Correcto o falso? Subraya (*unterstreiche*) las frases correctas:

1. Lees el libro como siempre desde el principio hasta el final.
2. Puedes leer el libro en el orden que tú quieras.
3. En el libro tú sigues el camino de otra persona.
4. En el libro tú decides qué camino quieres tomar.
5. El libro te ofrece juegos y adivinanzas (*Rätsel*).
6. El libro no te ofrece nada especial.
7. Si no te gusta el libro no puedes hacer nada: los libros son así.
8. Si no te gusta tu aventura puedes volver y tomar otra decisión.
9. En el libro encuentras cosas mágicas y personas misteriosas.
10. En el libro no encuentras laberintos ni caminos secretos.

7. Mira las páginas 1-31 y descubre dónde puedes decidir y puedes tomar el camino A o B o tomar el camino A, B o C. Escribe las páginas en las líneas de abajo.

A o B: *página 3, página , página* ....

A, B o C: *página 15, página* ....

Reto 3: El marcapáginas (*das Lesezeichen*)

1. Repasa las estrategias y completa el texto de abajo. Si tienes problemas, mira otra vez en los retos 1-2.

Cuando lees un libro en español:
☺ No es importante entender .... las palabras.
☺ Utiliza el .... y la portada.
☺ Utiliza las estrategias para entender palabras nuevas con ayuda – de las .... 
– del .... 
– del .... (la marca → alemán: *die Markierung*)
– del .... o de .... (la roca → inglés: *the rock*)
– de otra palabra española de la misma .... (amistad → el amigo)
– de la .... de la palabra (inaceptable ≠ aceptable)
☺ Busca solamente las palabras .... y .... en el diccionario.
☺ Lee activamente, con interés y con ganas. ¡Eres al mismo tiempo detective y viajer@… y cada libro te invita a una aventura fantástica!

2. Controla tus resultados con el marcapáginas (la tarjeta extra en tu libro).

dobla aquí

Reto 4: Las palabras importantes

1. Busca las palabras en las páginas y escríbelas abajo.

Página 2:

(die Felswand) ....

(die Felsspalte) ....

(der Pfad) ....

Página 14-15:

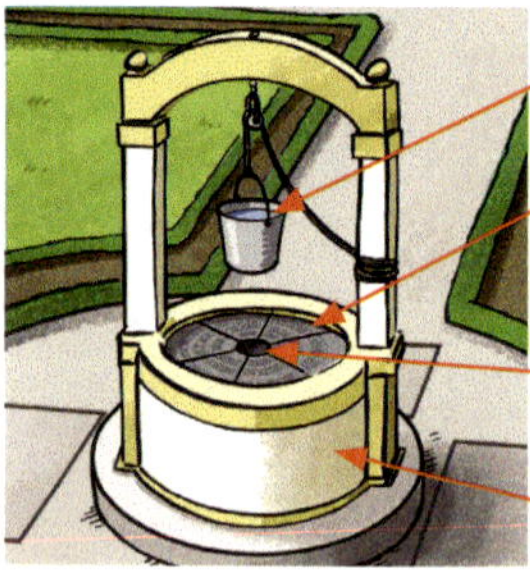

(der Eimer) ....

(die Steinplatte) ....

(das Loch) ....

(der Brunnen) ....

Página 44–45:

(die Kerze) ....

(die Säule) ....

(das Schwert) ....

(der Mönch) ....

2. Aprende las palabras de memoria (*auswendig*), dobla (*knicken*) la página y comprueba tus resultados (*überprüfe dich*).

dobla aquí

dobla aquí

3. Ahora practica las palabras importantes con un/una compañer@

A Hoja tándem de vocabulario B

A empieza y dice la palabra en español, B corrige. Después B dice la palabra y A corrige.	A empieza y dice la palabra en español, B corrige. Después B dice la palabra y A corrige.
	La cueva
El pozo	
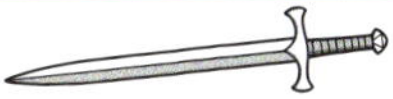	La espada
El escudo	
	La armadura
La losa	
	El sendero
La linterna	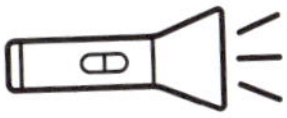
	La fogata
El cubo	
	La vela
El agujero	

dobla aquí

Reto 5: El glosario (*die Vokabelliste*)

▷ siehe Kahoot

Ahora mira bien el glosario (la tarjeta extra en tu libro). El glosario te ayuda con el vocabulario durante tu lectura. Primero aprendemos las palabras importantes con tu glosario.

Adjetivos: Completa el esquema con los adjetivos en negrita del glosario y sus antónimos (*Gegenteil*)

lejos .... (weit entfernt) ≠ cerca .... (nah)

.... (dunkel) ≠ .... (hell)

.... (breit) ≠ .... (eng)

.... (schwach) ≠ .... (stark)

.... (leer) ≠ .... (voll)

.... (unangenehm)≠ .... (angenehm)

Verbos: Busca sinónimos y antónimos de los siguientes verbos de movimiento (*Verben der Bewegung*) en el glosario (sólo palabras en negrita) y escribe también la traducción al alemán.

abrir (öffnen) ≠ cerrar (schließen) ....

continuar (weitergehen, weitermachen) ≈ ....

entrar (eintreten) ≠ ....

subir (hochgehen, nach oben bewegen) ≠ ....

darse cuenta (bemerken)≈ ....

aparecer (auftauchen, erscheinen) ≠ ....

encender (entzünden, anmachen) ≠ ....

apretar (drücken, hineindrücken) ≈ ....

Sustantivos: Completa el crucigrama con los sustantivos en negrita del glosario.

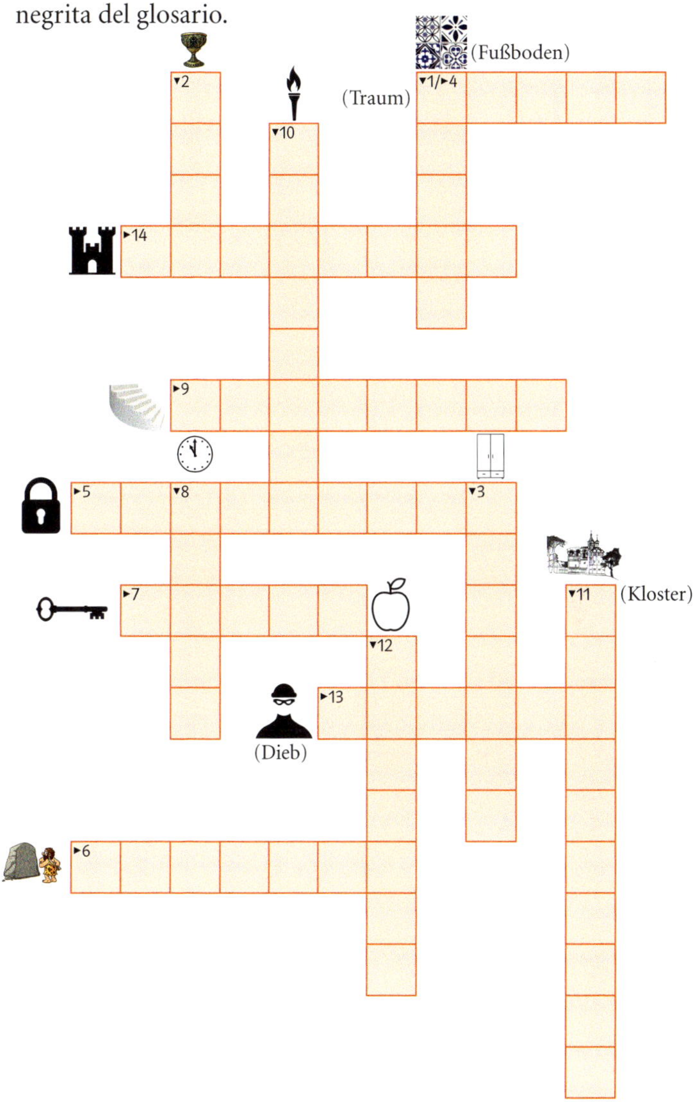

Reto 6a: Leer con una hipótesis

1. Con la ayuda de las imágenes, explica la situación y formula una hipótesis: ¿Qué va a pasar después?

Ir de excursión — una niebla

La situación: ....

....

Tu hipótesis: ....

....

....

> <u>Ayuda:</u>
> Creo que
> Pienso que
> A lo mejor
> Quizás

2. Lee cómo las imágenes nos ayudan con los textos y completa el texto de abajo con las informaciones siguientes (A, B y C).

A: explican las palabras nuevas	B: generan una hipótesis en nosotros	C: muestran la situación / la acción

Si miramos bien las imágenes, es más fácil entrar en el texto porque las imágenes generan...

Si hay palabras nuevas, las imágenes nos ayudan porque ....

Además con imágenes entendemos mejor el contenido (*Inhalt*) del texto porque ....

3. Lee el primer capítulo del libro *La marca en la roca* (páginas 2 y 3) para ver lo que les pasa a los amigos.

3a. Después de leer marca la solución con una cruz.

☐ Todos los amigos esperan en la niebla.
☐ Uno de los amigos se pierde en la niebla.
☐ Los amigos se separan en dos grupos de dos personas.

3b. Ahora comprueba tu hipótesis del reto 5:

☐ Mi hipótesis ha sido correcta.
☐ Mi hipótesis no ha sido correcta.

4. Lee otra vez el primer capítulo y marca con diferentes colores las siguientes informaciones de las imágenes de abajo. Utiliza el marcapáginas (Lesezeichen) para encontrar facilmente las líneas (Zeilen) de las informaciones.

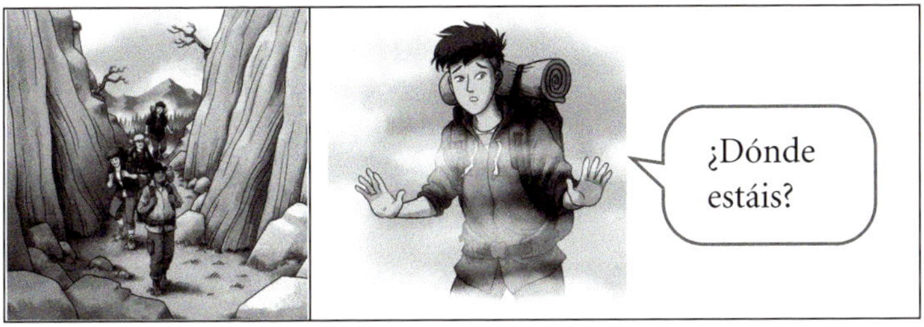

En verde: "con un grupo de amigos" (página 2, línea 2-3)
En rojo: "y tú eres la última persona" (página 2, línea 6-7)
En azul: "llamas a tus compañeros" (página 3, línea 2)
En amarillo: "empiezas a tener miedo" (página 3, línea 4-5)

Reto 6b: Leer el primer capítulo

1. Lee otra vez el primer capítulo (páginas 2-3) con atención y marca con una cruz si las siguientes frases son correctas o falsas.

		C	F
1	Tú no conoces la región donde estáis.		
2	En la región hay muchísimos turistas.		
3	Cuando aparece la niebla te paras y esperas.		
4	Puedes escuchar a tus amigos todo el tiempo.		
5	Al final la situación es peligrosa para ti.		

2. Lee el primer capítulo por última vez muy detalladamente y busca antónimos (Gegenteile) (≠) de las siguientes palabras.

→ Siehe Quizlet

Ejemplo: Entras ...., p. 2, línea 1 ≠ sales

........, p. 2, línea 1 ≠ aburrido

........, p. 2, línea 2 ≠ dentro del

........, p. 2, línea 3 ≠ siempre

........, p. 2, línea 3 ≠ cerca de

........, p. 2, línea 4 ≠ ancho (*breit*)

........, p. 2, línea 6 ≠ pequeños

........, p. 2, línea 7 ≠ primera

........, p. 3, línea 1 ≠ ligera (*leicht*)

........, p. 3, línea 4 ≠ fuertes

........, p. 3, línea 6 ≠ regular

3. Al final del primer capítulo tú decides cómo quieres seguir. Puedes tomar el camino A o el camino B. Con las siguientes expresiones puedes expresar qué vas a hacer y explicar por qué:

Decidirse por: (¡Cuidado: "decidirse" es un verbo reflexivo!)
Yo me decido por el camino A / B.

Tomar:
Yo tomo el camino A / B.

Elegir: (¡Cuidado: "elegir" tiene dos cambios: e → i y g → j!)
Yo elijo el camino A / B.

porque	**es mejor** **(no) es bueno** **(no) es malo** **(no) quiero**	**+ Infinitivo (p. ej. "esperar")**
	es peligroso **sé que** **creo que** **pienso que** **a lo mejor** **quizás**	**+ Indicativo (p. ej. "él espera")**

Explica con tres frases diferentes qué decisión vas a tomar al final del primer capítulo y por qué.

1. ....

....

2. ....

....

3. ....

....

Reto 7: El diario de lectura (*Lesetagebuch*)

Mientras lees el libro vas a escribir un diario de lectura con tu aventura personal. Utiliza una hoja DINA3 para tu diario de lectura y trabaja atentamente: Vas a recibir una nota.
Tu **diario de lectura** tiene que contener los siguientes detalles:

1. Descripción de la situación con las informaciones más importantes de tu aventura (¿Quién?, ¿qué?, ¿cómo? y ¿dónde?). Utiliza la primera persona (yo) y escribe en presente y pretérito perfecto.
Ejemplo: Estoy en la playa. Ha llegado un amigo. Queremos bañarnos en el mar. De repente viene…

2. Imágenes que muestran la situación y la acción. Si no quieres hacer dibujos propios, también puedes buscar imágenes en Internet, en revistas, etc. o puedes hacer fotos.

3. Número de página donde tienes que tomar una decisión

4. La decisión que tomas y por qué
Ejemplo: Yo me decido por el camino A porque me parece más seguro. / Yo elijo la opción B porque me gusta la aventura.

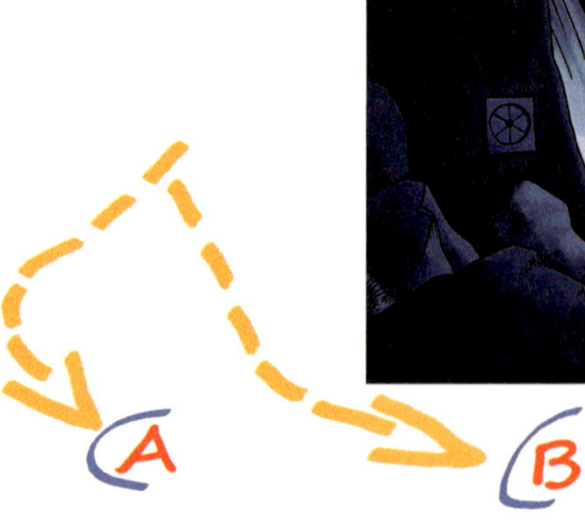

Puedes presentar tu **diario de lectura** de dos formas diferentes:

a) Curva de tensión

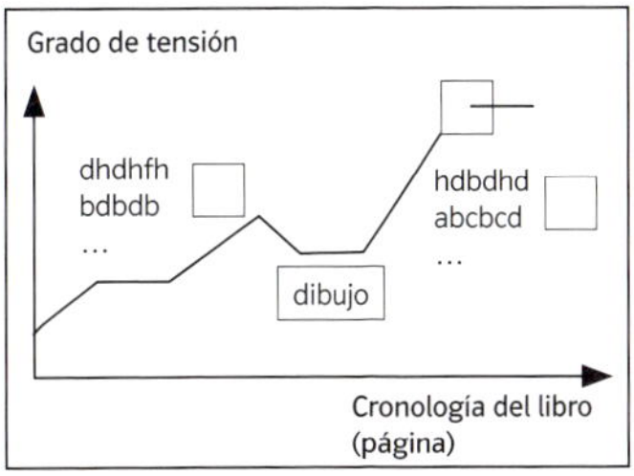

b) Camino de aventura

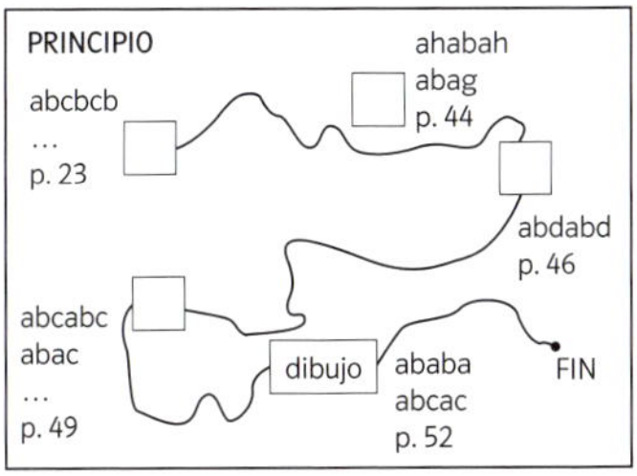

Ejemplo de a)

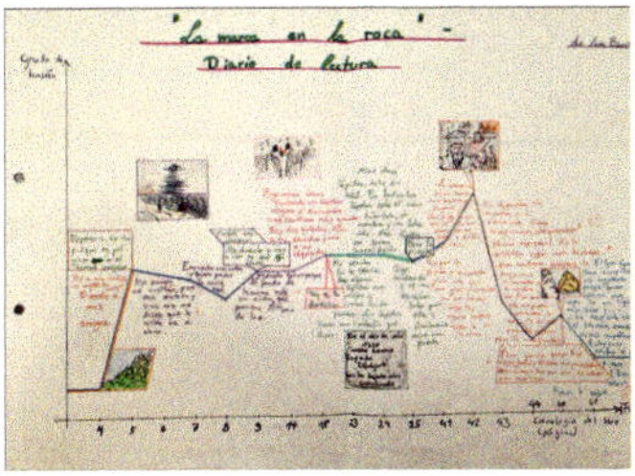

Ejemplo de b)

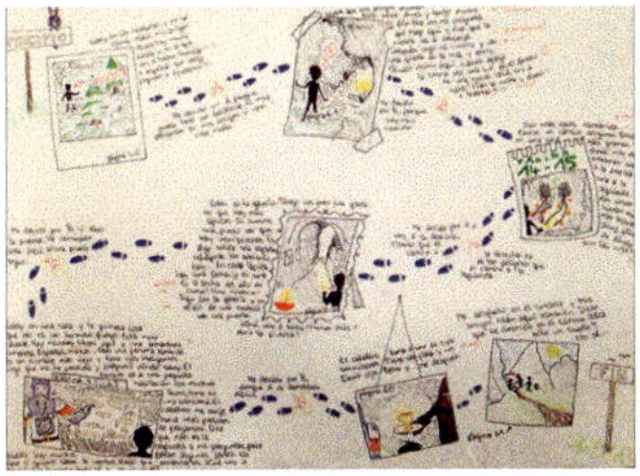

Intenta variar con el vocabulario y ser creativo con la presentación de tu aventura: puedes bajar escaleras, entrar por cuevas o cruzar lagos…

Reto 8: Primeras evaluaciones

Evalúa tu proceso de lectura y si utilizas las estrategias.
Marca con una cruz si las frases valen (zutreffen) o no para ti.

EVALUACIÓN DE MI LECTURA	☺	☺☹	☹
El libro *La marca en la roca* me gusta.			
Me gusta leer individualmente en clase.			
Entiendo el libro en general.			
Me gusta tomar decisiones y elegir mi camino de lectura.			
Es importante entender <u>todas</u> las palabras.			
Utilizo las estrategias de mi marcapáginas.			
Utilizo el glosario y entiendo las palabras del glosario.			
Utilizo muy poco el diccionario, solamente para las palabras difíciles e importantes.			
Miro bien las ilustraciones para entender mejor el texto.			
Utilizo las ilustraciones para entender palabras nuevas.			
El contexto me ayuda a entender palabras nuevas.			
Entiendo nuevas palabras porque conozco palabras similares en alemán, inglés, etc.			
Entiendo nuevas palabras porque conozco palabras españolas de la misma familia.			
Entiendo nuevas palabras porque uso reglas de construcción de palabras.			

En el futuro durante mi lectura quiero concentrarme en:
....
....

2. Evalúa el contenido de tu diario de lectura: ¿Tienes toda las partes obligatorias? Marca con una cruz (x).

	EVALUACIÓN DEL CONTENIDO DE MI DIARIO
	Las descripciones de las situaciones con las informaciones más importantes de tu aventura: ¿qué?, ¿quién? y ¿dónde?
	Uso de la primera persona ("yo") y de los tiempos presente ("hago") y pretérito perfecto ("he hecho"). Ejemplo: Estoy en la playa. Ha llegado también un amigo. De repente viene…
	Las imágenes que ilustran la situación y que muestran la acción: Dibujos propios, imágenes de Internet o de revistas o fotos propias.
	Los números de las páginas donde tomas una decisión.
	Las decisiones que tomas y por qué las tomas. Ejemplo: yo me decido por el camino A porque me parece más seguro. / Elijo la opción B porque me gusta la aventura.

→ Si falta una cruz, corrige o completa tu diario de lectura.

Reto 9: Revisión de la lengua del diario

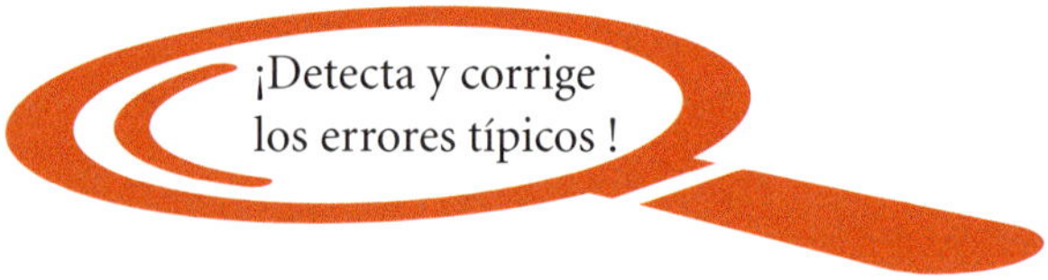

1. Siempre que escribes algo es importante revisar la lengua del texto para corregir los errores típicos. Lee tu diario de lectura por lo menos cinco veces y concéntrate cada vez en solo uno de los temas siguientes:

I. Los verbos, especialmente
- … ☐ verbos reflexivos: me encuentro con, me dirijo a, me decido por
- … ☐ gustar, p. ej. me gustan las armaduras
- … ☐ hay + un/a ≠ estar + el/la
- … ☐ ser (carácter – Eigenschaft) ≠ estar (estado – Zustand)
- … ☐ (haben) tener ≠ hacer (machen) ≠ haber (solo: hay (es gibt))

II. Los nombres y pronombres, especialmente
- … ☐ la concordancia entre nombres y adjetivos/artículos: las chicas majas
- … ☐ la concordancia entre nombres y verbos: los amigos esperan
- … ☐ el uso de los pronombres: nosotros (wir) ≠ nuestros (unsere), le (ihm/ihr) ≠ se (sich)

III. Las preposiciones en general, especialmente…

… ☐ en/a: estar en / entrar en (lugar - Ort)
≠ dirigirse a / ir a la iglesia / al monasterio
(dirección - Richtung)

… ☐ a + personas: veo a un hombre,
le pregunto al señor

… ☐ por (causa - Grund) y para (meta - Ziel):
Esto es para ti. Te lo doy por tu cumpleaños.

… ☐ expresiones temporales (am nächsten Tag -
el día siguiente, am Morgen – por la mañana)

IV. La ortografía, especialmente

… ☐ ~~nn~~, ~~ss~~, ~~mm~~, ~~ff~~, ~~tt~~, ~~th~~, ~~ph~~, ~~sy~~, ~~tion~~:
misión, café, teoría, sistema, física, sensación

… ☐ los acentos, p. ej. también / después / más / allí / aquí

V. El uso de *muy / mucho* y la negación

… ☐ muy + adjetivo ≠ mucho + verbo/nombre:
Es muy valioso. Tiene mucho valor. Vale mucho.

… ☐ la negación siempre delante del verbo
(y del pronombre): No te veo.

… ☐ doble negación con estas expresiones:
no… tampoco, no… nunca, no… nadie

Reto 10: Valoración del diario (*Bewertung*)

Autovaloración de tu diario de lectura

1. Tu propia valoración de tu diario
Lengua: ¿Es un diario entendible por el uso correcto y adecuado de vocabulario, gramática y sintaxis? ☐ ☐ ☐ ☐ ☐ ☐ 100 % 50 % 0 %
Contenido: ¿El contenido es completo y correcto? ¿Tu diario tiene descripciones, ilustraciones, números de páginas y un mínimo de 5 decisiones? ☐ ☐ ☐ ☐ ☐ ☐ 100 % 50 % 0 %
Diseño visual: ¿El diseño es interesante y creativo? ¿Tu diario tiene una distribución (Aufteilung) armónica e ilustraciones claras y adecuadas? ☐ ☐ ☐ ☐ ☐ ☐ 100 % 50 % 0 %
Corrección y entrega: ¿Has presentado tu diario en clase, lo has corregido y entregado completo y a tiempo? ☐ ☐ ☐ ☐ ☐ ☐ 100 % 50 % 0 %
En total: tu diario… ☐ 1 ☐ 2 ☐ 3 ☐ 4 ☐ 5 ☐ 6 es fenomenal está más o menos no es logrado

Valoración por parte de tu profesor/a

1. La valoración de tu diario por parte de tu profesor/a
Lengua: ¿Es un diario entendible por el uso correcto y adecuado de vocabulario, gramática y sintaxis? ☐ ☐ ☐ ☐ ☐ ☐ 100 % 50 % 0 %
Contenido: ¿El contenido es completo y correcto? ¿Tu diario tiene descripciones, ilustraciones, números de páginas y un mínimo de 5 decisiones? ☐ ☐ ☐ ☐ ☐ ☐ 100 % 50 % 0 %
Diseño visual: ¿El diseño es interesante y creativo? ¿Tu diario tiene una distribución (Aufteilung) armónica e ilustraciones claras y adecuadas? ☐ ☐ ☐ ☐ ☐ ☐ 100 % 50 % 0 %
Corrección y entrega: ¿Has presentado tu diario en clase, lo has corregido y entregado completo y a tiempo? ☐ ☐ ☐ ☐ ☐ ☐ 100 % 50 % 0 %
En total: Tu diario… ☐ 1 ☐ 2 ☐ 3 ☐ 4 ☐ 5 ☐ 6 es fenomenal está más o menos no es logrado
Comentario:

Reto extra: El producto de lectura sobre *La marca en la roca*

Después de leer el libro *La marca en la roca* puedes preparar un producto de lectura interactivo sobre el contenido:

un juego
- Transforma las aventuras del libro en un juego que ofrezca sorpresas y diferentes caminos.
- Puede ser un juego de cartas o un juego de tabla con fichas (Spielsteine) y dados (Würfel).

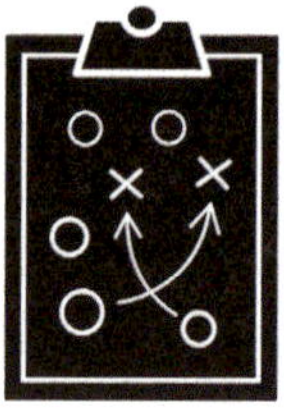

un rallye
- Prepara un rallye en el instituto con diferentes estaciones y explicaciones misteriosas.
- Al fin del rallye los jugadores encuentran un tesoro u otro premio.

un radioteatro
- Produce un radioteatro interactivo donde el público pueda participar.
- Puedes producir el radioteatro con el móvil o representarlo en directo ¡… con sonidos interesantes!

un concurso (Quiz)
- Diseña un concurso sobre el libro para toda la clase con respuestas correctas y falsas.
- Piensa en una presentación interesante del concurso.

Usa el diario de lectura para organizar las ideas.

INTRODUCCIÓN: TÚ ERES LA PERSONA MÁS IMPORTANTE DE ESTA AVENTURA[1]

En los momentos más interesantes de la historia tú decides si quieres tomar el camino A o el camino B.

Además en tu aventura hay muchas sorpresas y acciones especiales: Solucionas juegos, adivinanzas[2] y tareas secretas.

Descubres objetos mágicos como llaves y brújulas.

Intercambias informaciones importantes con personas misteriosas.

Recorres laberintos y caminos escondidos.

¡…y escoges el final más interesante!

Si cambias de opinión, no hay ningún problema: retrocedes y tomas otro camino…

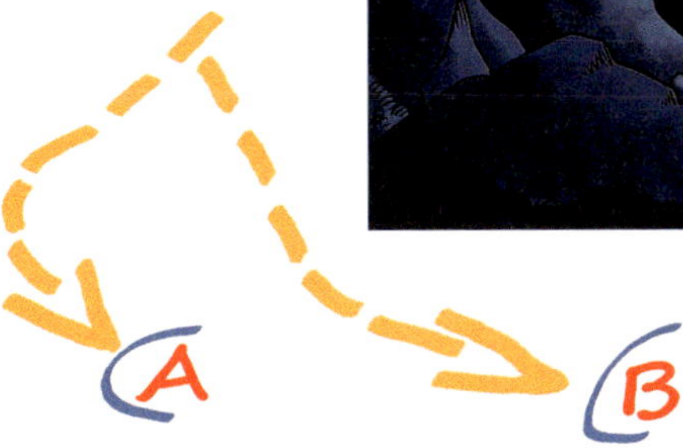

1 la aventura: una experiencia muy especial
2 la adivinanza: un juego donde tienes que encontrar una solución

LA MARCA EN LA ROCA

Y ahora entras en tu aventura y viajas por un misterioso mundo fuera del tiempo. Vas de excursión a la montaña con un grupo de amigos. Es una región que no has visitado nunca, lejos de los lugares típicos de los turistas. Camináis por un estrecho sendero que corre entre dos paredes de roca. Las rocas están cortadas de arriba abajo por grandes grietas. Andáis en fila india[3] y tú eres la última persona…

3 en fila india: uno detrás de otro

De repente aparece una niebla muy densa y pierdes el contacto con los otros. Sigues caminando y llamas a tus compañeros. "¿Dónde estáis?". "Estamos aquí", te responden, pero sus respuestas llegan cada vez más débiles. Al final todo es silencio. Empiezas a tener miedo. Pierdes el sentido de la orientación y sabes que estás en un gran peligro. Estás en la montaña, el suelo es muy irregular y te puedes caer fácilmente.

¿Qué haces?

A ¿Haces una pausa y esperas a tus amigos?
Ve a la página 4.

B ¿Continúas?
Ve a la página 8.

Te sientas en el suelo y esperas a tus amigos. Pasan las horas. La niebla sigue siendo muy densa. Se hace de noche. Tienes frío.

De repente aparece la silueta de una persona en la niebla y una voz te pregunta: "¿Qué estás haciendo ahí solo?"

"Con la niebla he perdido el contacto con mis amigos", respondes. No puedes ver a la persona que te habla y su voz parece venir de muy lejos. "No hay ningún problema", continúa la voz, "dentro de poco la niebla va a desaparecer y tus amigos te van a encontrar".

"¿Y como sabes que la niebla va a desaparecer?", le preguntas. "Siempre que se abre el camino secreto…". "¿Qué camino secreto?", preguntas.

Nadie responde. La persona se ha ido y con ella también la niebla. Esto es muy misterioso: ¿De dónde ha salido y adónde se ha ido?

Se ha hecho de noche y notas la oscuridad y el frío. Te preguntas dónde y cómo puedes pasar la noche. Te acuerdas de que en la mochila llevas una linterna, la coges y la enciendes.

Examinas las paredes de la roca. Entonces encuentras una marca en la roca: es un cuadrado y dentro hay un símbolo misterioso. Lo tocas con la mano y en ese momento notas que hay una profunda grieta en la roca a la izquierda de la marca. Con tu linterna iluminas la grieta y miras dentro: Es tan ancha que una persona delgada puede pasar fácilmente y detrás hay una cueva…

¿Qué haces?

A ¿Te sientas delante de la grieta y descansas un momento?
Ve a la página 10.

B ¿Entras en la grieta?
Ve a la página 6.

Entras en una cueva seca, limpia y cálida. Con la luz de la linterna ves que es un excelente refugio[4] para pasar la noche. Con tus cosas te preparas un lecho[5] para dormir allí. Te sientes bastante cómodo… Pero tienes un poquito de miedo y no te gusta la soledad.

4 el refugio: lugar improvisado para dormir en la montaña
5 el lecho: una cama improvisada

Apagas la linterna e intentas dormir... pero... ¡qué extraordinario!

La cueva no está completamemte oscura, sino que hay una débil claridad que sale de un túnel al fondo de la cueva. Eso es muy raro... ¿Qué puede ser?

¿Qué haces?

A ¿Te quedas donde estás y no haces nada?
Ve a la página 10.

B ¿Te levantas y vas a ver de qué se trata?
Ve a la página 12.

Sigues caminando y te quedas cerca de la roca para no perderte. "¿Qué hora es?", te preguntas con preocupación. Te parece que llevas horas caminando y ya no quieres más cuando, repentinamente, la niebla desaparece. Te encuentras en un lugar totalmente diferente. Estás al final de la montaña y delante de un hermoso valle lleno de árboles, mariposas[6], pájaros, y miles de flores. "Pero… ¿cómo he llegado aquí?" te preguntas. Pero al mismo tiempo te da totalmente igual: ¡Es un lugar precioso!

6 la mariposa: insecto muy bonito

En medio del valle ves una iglesia y un monasterio. "¡Aquí hay gente! ¡Voy allí para buscar ayuda!"

La iglesia es bellísima y te paras un momento a mirarla. Te parece antigua, es amarilla y con techos de color naranja. Además tiene muchas torres y ventanas. Notas que el portal[7] de la iglesia está abierto.

El monasterio está detrás de la iglesia. A la derecha del monasterio ves el claustro[8] con su patio y su pasillo de columnas. El claustro es de piedra blanca y la piedra brilla al sol. En el centro del claustro hay una puerta abierta.

¿Qué haces?

A ¿Vas al monasterio y entras en el claustro?
Ve a la página 14.

B ¿Vas a la iglesia y entras por el portal?
Ve a la página 16.

7 el portal: una puerta grande
8 el claustro: parte de un monasterio con un patio y un pasillo alrededor

De repente no puedes más. Tienes que descansar. Solamente quieres dormir. Te buscas una posición agradable y te duermes enseguida. Tienes sueños muy raros y confusos. Cuando te despiertas no sabes al principio si todo esto en un sueño o la realidad. Tampoco sabes dónde estás. Intentas orientarte y poco a poco reconoces el lugar: estás en el sendero donde has perdido a tus amigos. Es un día precioso, hace sol y la temperatura es agradable. Empiezas a buscar otra vez a tus amigos, los llamas: no contesta nadie. Tus amigos han desaparecido por completo y no los puedes encontrar… Pero de repente encuentras otra cosa: !una marca en la roca con este símbolo, que ya has visto antes…

Ahora examinas mejor la marca. Es un cuadrado. Dentro hay un círculo dividido en seis partes. En el centro del círculo hay un agujero. Metes el dedo dentro del agujero: no pasa nada. Tocas las diferentes partes del círculo: nada.

Ahora notas que hay letras en las seis partes. Hay siempre dos letras en cada una de las partes. Pero hay una parte con solamente una letra. Aprietas esta parte y… se mete dentro.

Ahora sabes que es un código. Para entrar necesitas la palabra mágica…

… y tienes que apretar las letras correctas en el orden correcto.

Miras las letras con mucha concentración y entiendes que es una palabra de 7 letras y que empieza con "E".

Intentas descifrar la palabra mágica:

Es _ _ _ _ _ _ _

¿Qué haces?

A ¿Aprietas las partes del círculo con los números 6, 5, 2, 3?
Ve a la página 6.

B ¿Aprietas las partes del círculo con los números 6, 4, 1, 3?
Ve a la página 12.

Estás en la cueva y sigues la extraña claridad que notas al fondo.

Con cada paso entras más profundamente en la cueva que poco a poco se convierte en un túnel estrecho.

Tienes miedo, pero quieres saber más y también ves la luz al final del túnel. El túnel gira suavemente a la izquierda y…

… te encuentras delante de un cristal gigante y transparente en forma de círculo. Detrás del cristal parece haber un lugar iluminado por mucha luz… Pero no puedes entrar…

El cristal cierra el túnel como una puerta y para seguir tienes que encontrar una manera de abrirlo.

El cristal tiene la misma forma que la marca en la roca: un círculo dividido en seis partes. Pero no es posible apretar ninguna de las partes: ¡No se meten dentro de ninguna manera!

Examinas más cuidadosamente el cristal y notas que puedes girarlo hacia la derecha como una rueda[9]…

¡Entonces tienes una idea: ¡A lo mejor funciona como la cerradura de una cajafuerte[10]! Tienes que encontrar el código y girar los números correctos hacia arriba, solamente que no son números, sino letras! ¡… y te falta el código!

Miras la pared a la izquierda del cristal y descubres una inscripción rara:

Ahora entiendes: el cristal es como un reloj con letras. Y las horas de los relojes de la pared son el código: te indican qué letras tienes que subir. Así que el primer reloj de la pared te indica con "a las once" que tienes que subir la A del cristal hacia arriba. Y la segunda reloj con "a las cinco" te indica que tienes que subir…

Es un poco complicado y escribes las letras al lado de los relojes:

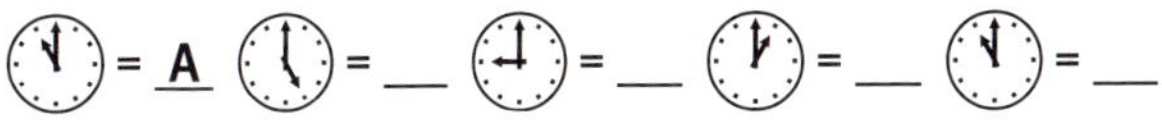

¿Qué haces?

A ¿Giras y giras para subir las letras A - R - RI - B - A hacia arriba?
Ve a la página 10.

B ¿Giras y giras para subir las letras A - B - IE – RT - A hacia arriba?
Ve a la página 18.

9 la rueda: parte de un vehículo. Una bici tiene dos ruedas, un coche tiene cuatro ruedas.
10 la cajafuerte: un lugar donde guardamos cosas de valor (Tresor)

En el claustro no hay nadie: está completamente desierto. En el centro del patio hay un pozo. En el pasillo alrededor del patio hay varias puertas. Empujas una de las puertas, y después otra. No puedes abrir ninguna. Están todas cerradas. Es muy extraño. El lugar no parece abandonado[11]. Todo está limpio. Vas al centro del patio, cerca del pozo. Encima del pozo hay un cubo con agua. El pozo mismo está cerrado por una gran losa de mármol.

11 abandonado, -a: sin personas

La losa tiene una forma muy especial: es un círculo dividido en seis partes con inscripciones. En el centro del la losa hay un agujero. Piensas que la losa misteriosa puede ser un símbolo importante.

Intentas descifrar las inscripciones, pero no puedes leerlas.

Sigues tu camino y cruzas el patio.

Ahora notas una pequeña campanilla de oro.

Está en una de las columnas al final del patio.

¿Qué haces?

A ¿Tocas la campanilla?
Ve a la página 32.

B ¿Tiras el agua del cubo en la losa misteriosa?
Ve a la página 22.

C ¿Sales del claustro y entras en la iglesia?
Ve a la página 16.

La iglesia está iluminada con velas. El interior está desnudo. No hay muchos ornamentos ni bancos ni sillas. Al fondo hay un altar con dos velas más, pero estas no están encendidas. Notas que en el altar hay un símbolo misterioso: un círculo dividido en seis partes… ¡y detrás en la pared ves tres símbolos más! A la derecha de la iglesia delante de las columnas hay estatuas de antiguos caballeros con armaduras… ¡y con otro de estos símbolos! En el suelo delante de cada estatua hay una losa llena de inscripciones… ¡Y claro: cada vez con uno de estos símbolos misteriosos. Piensas que este símbolo tiene que ser muy importante. Mientras pasas por la iglesia, sientes cómo alguien te está observando. Gritas: "¡Hola! ¿Hay alguien?", pero nadie te responde.

Cruzas la iglesia y al fondo a la derecha encuentras una puerta. La abres y descubres la sacristía[12]. También la sacristía está vacía. Solamente hay un gran armario de dos puertas. El armario es de madera oscura y bastante grande. Está cerrado con dos puertas fuertes. Piensas que a lo mejor hay algo importante dentro y te acercas un poco.

Sigues teniendo la desagradable sensación de que alguien te está mirando. Pero cuando te giras para comprobarlo, no hay nadie.

Estás temblando[13], y sin embargo no hace demasiado frío.

¿Qué haces?

A ¿Abres el armario?

Ve a la página 20.

B ¿Vuelves atrás?

Ve a la página 31.

12 la sacristía: lugar de la iglesia donde los sacerdotes preparan la misa
13 temblar -ie-: tu cuerpo tiembla cuando tienes frío o miedo

Has solucionado el problema y puedes seguir tu camino sin dificultades. Poco después entras en una cueva muy grande. Te sorprenden las estalactitas y las estalagmitas que a veces se unen y forman fantásticas columnas. La cueva es el punto de encuentro de muchas galerías. En el suelo hay muchos cuencos donde arden fuegos. Los fuegos dibujan un camino desde una galería a tu derecha hasta otra galería a tu izquierda. Los caminos parecen iguales y las galerías también. Y en cada camino tienes que cruzar un puente de madera… No sabes cuál de los caminos es mejor…

¡Es una decisión demasiado difícil! A lo mejor puedes encontrar una ayuda en la cueva: un símbolo, una inscripción o una señal. Miras las estalactitas, las estalagmitas, la roca, y buscas en todos lados. Al final examinas hasta el suelo!… Y ahora ves algunas letras en los caminos que forman palabras.

En el camino derecho puedes descifrar las dos palabras:

____________________ ____________________

En el camino izquierdo puedes descifrar las dos palabras:

____________________ ____________________

Estás dudando sobre qué palabras te gustan más para seguir tu aventura…

¿Qué haces?

A ¿Tomas el camino de la izquierda?
Ve a la página 28.

B ¿ Tomas el camino de la derecha?
Ve a la página 24.

Abres la puerta del armario y dentro ves armaduras de caballeros. Entras y miras las armaduras cuando de repente el armario se cierra.

Estás dentro del armario y no puedes salir. Te entra el pánico y golpeas la puerta con toda tu fuerza. No puedes abrirla. Intentas calmarte, enciendes tu linterna y miras alrededor. Empujas otra vez las puertas y todos los paneles del armario pero no encuentras ninguna salida. Te sientas desanimadamente y esperas. Después de un rato empiezas a aburrirte y examinas las armaduras: Hay cascos para proteger la cabeza, escudos para defenderse, espadas para luchar y hasta un arnés para proteger el cuerpo. Muchas armaduras y armas tienen ese símbolo misterioso que ya has visto antes: un círculo dividido en seis partes. En un escudo descubres una inscripción en las seis partes del círculo: PON-TE AR-CA ES-ES.

Piensas que esta inscripción puede ser la solución para salir del armario. La lees otra vez y ahora entiendes: PON-TE es un imperativo: Te tienes que poner algo. ¿Pero qué? Aquí solamente hay armaduras y armas…

¡Eso es! Tienes que ponerte una armadura:

Primero el AR_ _ _ ,

después el CA_ _ _

y al final el ES_ _ _ _

y la ES_ _ _ _.

Con toda la armadura puesta te mueves solamente dos pasos dentro del armario y con tu peso pones en marcha un mecanismo escondido. Se abre la puerta y al mismo tiempo el panel posterior del armario te deja pasar a una cueva escondida.

¿Qué haces?

A ¿Te quitas la armadura y sales por la puerta?
Ve a la página 31.

B Te dejas la armadura puesta y sales por la puerta?
Ve a la página 44.

C ¿Te quitas la armadura y entras por el panel posterior en la cueva?
Ve a la página 12.

Con tu acción has puesto en marcha un mecanismo secreto. El suelo debajo de tus pies se mueve y se abre un ascensor escondido. El ascensor baja contigo casi dos metros y te encuentras delante de un pasillo secreto con una escalera que baja en la oscuridad.

Enciendes tu linterna para ver tu camino y empiezas a bajar la escalera.

Unos momentos después llegas a una galería iluminada con antorchas.

La galería termina delante de una losa grande que cubre la pared casi de arriba abajo. Mirándola con atención notas que en el centro de la losa hay una bisagra[14]… ¡La losa es una puerta giratoria[15]!

Te acercas y empujas la losa a la derecha pero la losa solamente gira 2 o 3 milímetros. Lo intentas con el lado izquierdo y pasa lo mismo. Aunque empujas con toda tu fuerza solamente gira pocos milímetros y no puedes pasar.

14 la bisagra: la conexión entre la puerta y la pared
15 giratoria: que gira

Ahora inspeccionas la losa otra vez y te das cuenta de que en cada lado de la losa está otra vez el mismo símbolo misterioso. Y dentro de cada símbolo hay una inscripción que empieza arriba con la misma letra.

En el lado derecho puedes descifrar la palabra: ________________

En el lado izquierdo puedes descifrar la palabra: ______________

Tocas la primera letra en el lado izquierdo y la puerta se deja girar fácilmente. Ahora lo intentas con el otro lado: Se gira sin problemas. Te tienes que decidir por un lado… y por la palabra que te guste más para seguir tu aventura.

¿Qué haces?

A ¿Empujas la "C" y el lado de la izquierda?
Ve a la página 28.

B ¿Empujas la "C" y el lado de la derecha?
Ve a la página 24.

Después de resolver la tarea puedes seguir y entras en un túnel oscuro. Enciendes tu linterna y en la pared puedes leer una inscripción misteriosa: “ESTÁS EN EL CAMINO DE LA CABEZA INTELIGENTE – ¡UTILÍZALA!”

Entonces el túnel gira bruscamente a la derecha y entras en una galería desierta. No hay absolutamente nadie. Pero alguien ha encendido algunos fuegos. Su luz ilumina las lápidas en las paredes y las puedes leer sin problemas:

Enseguida tienes muchas preguntas: ¿Quién es este hermano, qué es “el Muy Valiente” y por qué lo ha guardado tanto tiempo? Miras las otras lápidas. Todas tienen el mismo texto, pero con otros nombres y fechas. ¡Y una lápida lleva la fecha del año actual! En todas está el mismo símbolo, la marca de la roca, que ya has visto varias veces durante tu camino. ¡Es realmente muy misterioso!

¿Qué haces?

A ¿Tocas el misterioso símbolo de la primera lápida?
Ve a la página 25.

B ¿No tocas nada, pasas por la galería y continúas tu camino?
Ve a la página 26.

Tocas la marca de la lápida y oyes un sonido extraño. Es como un "pling" muy suave. Parece que algo se ha caído desde arriba. Miras al suelo porque quieres saber lo que es.

No ves nada. Ahora buscas más intensamente: ¡Nada de nada! Al final descubres una pequeña irregularidad en la roca. Justamente debajo de la segunda lápida de la derecha. La miras con atención y ahora lo encuentras: Es un objeto muy pequeño que puede ser muy útil:

Es una ________________________________.

La coges y te la metes en tu bolsillo de tu chaqueta. A lo mejor la vas a necesitar más tarde… ¡Nunca se sabe!

Después pasas por la galería y continúas tu camino.

Al final de la galería llegas a una escalera de caracol. Intentas subir por ella pero no llegas a ningún lugar. Ya has subido por lo menos 200 escalones y la escalera sigue y sigue. Parece que es interminable. Poco a poco la cabeza empieza a darte vueltas.

Tienes la sensación de quedarte siempre en el mismo lugar como un hámster en su rueda. Cuanto más corres y subes la escalera menos te mueves adelante… Ahora tu cabeza duele horrorosamente y sientes náuseas[16]. Tienes que parar y hacer una pausa.

16 sentir náuseas: sentirse muy mal en el estómago (Übelkeit)

Poco a poco entiendes que todo eso no puede ser normal: Esta escalera tiene que ser mágica. Y para seguir tienes que encontrar una manera de romper la magia.

Miras a tu alrededor y te fijas en una inscripción que ya conoces muy bien: Es la marca de la roca. En cada una de las seis partes del círculo hay dos letras. De tanto correr en círculos la marca gira delante de tus ojos y ves la palabra SA-LI-DA. ¡Y las seis partes del círculo parecen ser escalones de la escalera! ¡Ahora sabes como puedes romper la magia!

¿Qué haces?

A ¿Para subir la escalera pisas solamente uno de cada dos escalones? **Ve a la página 46.**

B ¿Para subir la escalera pisas solamente uno de cada tres escalones? **Ve a la página 39.**

Has tomado el camino del "buen corazón". Pasas por una galería y te encuentras en una cripta. Está toda iluminada por grandes antorchas en las paredes. Al lado de los muros hay grandes sarcófagos.

Encima de cada sarcófago hay un caballero esculpido en piedra. Parece casi vivo. A los pies del caballero hay un libro también esculpido en la piedra. El libro está abierto y lees:

Enseguida tienes muchas preguntas: ¿Quién es este hermano, qué es "el Muy Valiente" y por qué lo ha guardado tanto tiempo? Miras los otros sarcófagos y los libros. Todos tienen el mismo texto, pero con otros nombres y fechas. ¡Y un libro lleva la fecha del año actual! También hay un sarcófago con un libro que todavía no lleva inscripción. En todas está el mismo símbolo, la marca de la roca que ya has visto varias veces durante tu camino. ¡Es realmente muy misterioso!

De repente notas que uno de los sarcófagos está abierto. Sí, alguien ha movido la tapa. Vas en dirección al sarcófago y descubres que hay un túnel pequeño detrás.

Cuando casi has llegado notas algo brillante en el suelo. Te inclinas y te das cuenta de que es una moneda de oro. Miras el sarcófago abierto y la moneda y te viene un presentimiento horroroso:

A lo mejor algunos ladrones han entrado en la cripta, han abierto el sarcófago y han intentado robar el oro del caballero muerto… Tienes mucho miedo pero tienes que comprobar que todo está bien en el sarcófago.

Tus emociones cambian de un momento a otro: Por un lado quieres saber qué ha pasado, por otro lado no lo quieres saber… Se te pone la piel de gallina[17] y te acercas al sarcófago… y miras dentro:

17 la piel de gallina: cuando tienes frío o miedo en tu piel se ven los poros más grandes

Tu presentimiento horroroso se ha hecho realidad: Algunos ladrones han intentado robar la moneda de la cara del caballero muerto.

Sabes que los muertos no pueden encontrar la paz si no pueden pagar el viaje al otro mundo con las dos monedas. Y también examinas el túnel detrás del sarcófago. Probablemente los ladrones han construido este túnel. Ves luz al final del túnel. ¡A lo mejor es una salida!

¿Qué haces?

A Los muertos no necesitan dinero: ¿Coges la moneda y entras en el túnel?

Ve a la página 58.

B ¿Levantas la moneda del suelo y la pones en el ojo izquierdo del muerto?

Ve a la página 39.

C ¿Decides que ya está bien, dejas todo tal como está y entras en el túnel?

Ve a la página 38.

Vuelves a la iglesia y, mientras te preguntas cómo puedes volver con tus compañeros, tienes otra vez la sensación de que alguien te está observando.

Miras otra vez las estatuas de los caballeros con armadura…

¡Y de repente una de las estatuas también te mira a ti!

¡Que horror! Estás muerto de miedo: Hay una persona dentro de la armadura.

¿Qué haces?

A ¿Gritas y te escondes detrás del altar?
Ve a la página 22.

B ¿Intentas calmarte y hablas con la persona escondida?
Ve a la página 36.

Tocas la campanilla y suena un PLING – PLING cristalino por el aire. Nadie responde. Vuelves a tocarla y sólo hay más silencio. Esto es muy frustrante para ti. Tienes la desagradable sensación de ser observado, pero… ¿por quién? ¿Dónde se esconde tu observador?

Te cuelgas de la campanilla y das una serie de golpes: **DING DING DING**.

Lentamente se abre una puerta. Esperas un momento, pero no viene nadie. Te acercas a la puerta y ves una escalera con doce escalones.

Enseguida empiezas a bajar. Pero nada más pisar el primer escalón notas que te quedas parado. No puedes seguir porque no puedes subir el pie: está pegado[18]. Vuelves atrás y el escalón deja tu pie libre. Estás otra vez delante de la escalera y al lado de la puerta.

Examinas los escalones pero no notas nada raro. De repente descubres el símbolo misterioso en la puerta. Esta vez el círculo esta dividido en doce partes, cada parte tiene una letra. Debajo del círculo hay un texto: "Respeta los Reyes Magos, la Semana Santa, el Día de los Muertos y la Navidad".

¿Qué pueden representar las doce letras y qué quiere decir el texto? Sabes que Reyes Magos, la Semana Santa, el Día de los Muertos y la Navidad son fechas… y ahora tienes una idea: A lo mejor las doce partes representan los doce meses…

Sí, enero, febrero, marzo, __________, __________, __________, __________, __________, __________, __________, __________, __________.

Y los doce escalones también representan los doce meses. Si tienes que respetar los días festivos no debes pisar los escalones que representan los meses que tienen uno de estos días festivos.

¿Qué haces?

A ¿Bajas la escalera sin pisar el primer, tercer, décimo y duodécimo escalón?

Ve a la página 10.

B ¿Bajas la escalera sin pisar el primer, cuarto, undécimo y duodécimo escalón?

Ve a la página 18.

18 pegar: fijar (no puedes levantar tu pie)

Después de bajar la escalera entras en un túnel estrecho. Tienes miedo, pero quieres saber más y también ves la luz al final del túnel. El túnel gira suavemente a la izquierda y…

… te encuentras delante de un cristal gigante y transparente en forma de un círculo. Detrás del cristal parece haber un lugar iluminado por mucha luz… Pero no puedes entrar…

El cristal cierra el túnel como una puerta y para seguir tienes que encontrar una manera para abrirlo.

El cristal tiene los mismos números y letras que la marca en la roca. Pero no es posible apretar ninguna de las partes: ¡No se meten dentro de ninguna manera!

Examinas más cuidadosamente el cristal y notas que puedes girarlo hacia la derecha como una rueda[19]…

¡Entonces tienes una idea: ¡A lo mejor funciona como la cerradura de una cajafuerte[20]! Tienes que encontrar el código y girar los números correctos hacia arriba, solamente que no son números, sino letras! ¡… y te falta el código!

Miras la pared a la izquierda del cristal y descubres una inscripción rara:

Ahora entiendes: el cristal es como un reloj con letras. Y las horas de los relojes de la pared son el código: te indican qué letras tienes que subir. Así que el primer reloj de la pared te indica con “a las once” que tienes que subir la A del cristal hacia arriba. Y el segundo reloj con “a las cinco” te indica que tienes que subir…

Es un poco complicado y escribes las letras al lado de los relojes:

¿Qué haces?

A ¿ Giras y giras para subir las letras Á - B - RE - TE hacia arriba?
Ve a la página 26.

B ¿Giras y giras para subir las letras B - Á - JA - TE hacia arriba?
Ve a la página 39.

19 la rueda: parte de un vehículo. Una bici tiene dos ruedas, un coche tiene cuatro ruedas.
20 una cajafuerte: un lugar donde guardamos cosas de valor (Tresor)

Respiras lentamente y te calmas. Entonces empiezas a hablar: "Buenos días, señor. He hecho una excursión con mis amigos por la montaña y en la niebla los he perdido. ¿Quién es Usted?"

"Soy un guardián". "¡Un guardián! ¿Qué es lo que guarda? ¿Y qué secreto tiene este lugar raro? ¿Y qué significa este símbolo misterioso que está en todas partes? ¿Y qué secreto tiene este lugar raro? ¿Y qué significa este símbolo misterioso que está en todas partes?" "Calma, calma", te interrumpe el guardián. "No puedo responder a tantas preguntas". "¿Por qué?". "No estoy autorizado". "¿Puede ayudarme a regresar?". "Lo siento", dice el guardián escondido en la armadura, "no puedo ayudarte. Ya te he dicho: No estoy autorizado". Entonces el guardián baja su mirada lentamente hacia el suelo. Tú sigues su mirada y en el suelo ves una losa… y en la losa descubres una inscripción:

"1834 Arnés Estable"

Te parece muy misterioso. Preguntas al hombre desconocido: “Arnés Estable es el nombre de un caballero? ¿Murió en 1834? ¿… y ahora yace debajo de esta lápida?”

El desconocido queda en silencio, como pensando, y luego dice: “De acuerdo, te doy una ayuda: Para encontrar tu camino tienes que descifrar los nombres de estos dos caballeros muertos que yacen debajo de estas otras dos lápidas. Todos tienen nombres parecidos al nombre del otro caballero. Los nombres representan partes de las armaduras y armas típicas de los caballeros. Cuando aprietes las letras correctas en una línea recta o diagonal puedes salir de aquí”.

E	1	4	6	8	K
O	S	W	R	T	Z
S	D	P	P	U	D
J	K	L	A	X	C
B	O	X	E	D	S
S	E	G	U	R	A

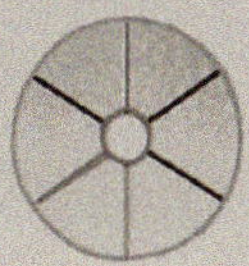

M	1	7	8	3	E
O	W	E	R	S	Z
S	D	F	C	U	D
J	K	U	Y	X	C
B	D	X	E	R	S
O	C	T	A	V	O

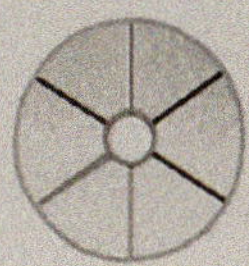

¿Qué haces?

A ¿Aprietas las letras E-S-P-A-D-A-SEGURA y E-S-C-U-D-O OCTAVO
Ve a la página 43.

B ¿Aprietas las letras L-A-N-Z-A-SEGURA y C-A-S-C-O OCTAVO
Ve a la página 10.

Sales de la cripta y regresas por la galería hasta la cueva grande. Debes utilizar la linterna porque ahora los fuegos se han apagado. Mentalmente, te haces un plan de tu camino e intentas tomar exactamente el mismo recorrido.

Entras en una galería que lleva a otra cueva con muchas más galerías. Te adentras en una, luego en otra, y en otra más. De repente te das cuenta de que te has equivocado de camino. Estás completamente perdido.

Además se están acabando las pilas[21] de tu linterna y la luz es cada vez más débil. "Es lo que faltaba", piensas en voz alta. "¡No quiero quedarme aquí en la oscuridad!"

No has terminado de pensarlo cuando se apaga la luz.

21 la pila: la batería

La luz se ha apagado y quedas en una oscuridad completa.

No puedes ver absolutamente nada y sabes que es peligroso seguir. Además sin luz es imposible salir de aquí.

Te entra el pánico y empiezas a gritar:

"¡Hola! ¿Hay alguien?". Sigues gritando. "¿Hay alguien ahí?"

"¡Sí!". Te asustas muchísimo. Esperas un momento e intentas calmarte otra vez. Entonces preguntas: "¿Quién eres?" "¿Quién eres tú, y qué estás haciendo aquí?", quiere saber la voz. Cuentas brevemente lo que ha pasado.

"Bien", dice la voz, "si me das la mano te llevo hasta la salida de este laberinto". Le das la mano y la persona te guía por la oscuridad. Como no puedes ver absolutamente nada, casi te caes varias veces. Pero la persona a tu lado te ayuda y te indica los obstáculos. Mientras camináis le preguntas de nuevo al desconocido: "¿Quién eres?". "Soy un guardián".

"¡¿Un guardián?! ¿Y qué es lo que guardas? ¿Y qué secreto tiene este lugar raro? ¿Y qué significa este símbolo misterioso que está en todas partes?

"Calma, calma", te interrumpe el guardián[22]. "No puedo responder a tantas preguntas". "¿Por qué?". "No estoy autorizado". Mientras tanto salís por un túnel de las cuevas y galerías y entráis en un pequeño valle escondido dentro de la montaña. Después de tanta oscuridad te tienes que acostumbrar otra vez a la luz. Ahora puedes ver a tu guía. No puedes ver su cara. Lleva una larga túnica con una capucha encima de la cabeza. La mano, que aún sujeta tu mano, es la mano de un viejo. El guía levanta la capucha y ves que es viejísimo… y es ciego[23].

22 el guardián: una persona que guarda (observa y protege)
23 ciego, -a: no puede ver con sus ojos

Miras alrededor y te encanta el lugar donde estáis: el valle es muy verde y está rodeado de grandes montañas. En todos lados hay flores y plantas muy bonitas que nunca has visto antes. En el centro de este valle mágico hay un manzano inmenso… con dos manzanas: Una roja y grande, la otra verde y pequeña. Ahora notas el hambre que tienes. Esta manzana roja tiene que ser riquísima. Como el guardián ciego no puede ver las manzanas te puedes quedar fácilmente con las dos manzanas pero el guardián viejo también parece hambriento y además bastante débil.

¿Qué haces?

A ¿Te quedas con las dos manzanas?
Ve a la página 58.

B ¿Le ofreces la manzana roja grande al guardián y te quedas con la manzana verde pequeña?
Ve a la página 42.

C ¿Le ofreces la manzana verde pequeña al guardián y te quedas con la manzana roja grande?
Ve a la página 46.

El guardián parece muy contento contigo, te sonríe amablemente y te dice: “Come tu manzana”. La manzana está riquísima. Nunca has comido algo con tantas ganas. Pero cuando llegas al centro de la manzana, sientes algo duro entre tus dientes. Lo sacas y… ¡es una llave! Entonces el guardián sigue: “Has superado esta prueba. Ahora sabemos que eres una persona buena e inteligente. Parece que podemos confiar en ti”. “¿Pero quiénes sois y por qué queréis confiar en mí?”, preguntas. “No puedo responder a tus preguntas pero te puedo explicar cómo llegar al Gran Guardián: en este valle hay tres puertas en las rocas, pero solamente una te lleva al Gran Guardián. Escucha bien y te explico el camino correcto”. Tú guardas la llave en tu bolsillo y te concentras en las palabras del ciego: “Ve todo recto hacia el árbol. A la derecha del árbol hay un monumento. Pasa por el monumento y sigue hasta llegar a un puente. Entonces pasas por el puente y así cruzas el río. Después del río tienes que girar a la derecha. Entonces tomas el segundo camino a la izquierda y llegas a una puerta. Entra en esa puerta y vas a llegar al Gran Guardián”.

¿Qué haces?

A ¿Intentas seguir las instrucciones y entras en la puerta de la izquierda?
Ve a la página 66.

B ¿Intentas seguir las instrucciones y entras en la puerta del centro?
Ve a la página 46.

A ¿Intentas seguir las instrucciones y entras en la puerta de la derecha?
Ve a la página 39.

El guardián parece muy contento contigo y dice amablemente: "Ahora solamente tienes que encontrar la puerta de esta pared de roca que está detrás de mí y puedes seguir tu camino". Entonces se despide de ti y se va. Ahora en la pared detrás del guardián descubres otro de estos símbolos misteriosos:

Examinas la marca con atención: En las seis partes del círculo hay letras: A la izquierda hay tres consonantes y a la derecha tres vocales. Tocas los vocales y no pasa nada. Ahora aprietas los consonantes con más fuerza. Empiezas con la "T": No pasa nada. Aprietas la "R": nada. Solamente queda una consonante más. La aprietas… y se mete dentro. Ahora sabes que puedes abrir la entrada con un código que empieza con este consonante. Tienes que encontrar la palabra mágica… y tienes que apretar las letras en el orden correcto. Ordenas las letras de la marca en tu cabeza en todas las combinaciones posibles y al final encontrarás la palabra mágica: __ __ __ __ __ __

¿Qué haces?

A ¿Aprietas las partes del círculo con los números 4, 3, 6, 1, 2, 5?
Ve a la página 24.

B ¿Aprietas las partes del círculo con los números 4, 3, 1, 5, 6, 2?
Ve a la página 39.

Regresas con la armadura puesta a la iglesia. La armadura pesa muchísimo y estás sudando. Paras delante de una columna y haces una pausa. Poco después ves algo horroroso: un monje oscuro corre con mucha prisa por la iglesia. Te asustas muchísimo y te quedas como una piedra. Ni respiras ni te mueves…

… y tienes mucha suerte. El monje pasa por delante de ti y no nota tu presencia. Parece que piensa que eres una de las estatuas.

Cuando el monje llega al altar, mira en todas las direcciones y comprueba que no hay nadie. Entonces toca el símbolo misterioso que está al frente del altar y la pared blanca dentro del arco pequeño detrás del altar se sube y se abre una puerta secreta.

El monje levanta una de las velas y coge una llave. Luego sale por la puerta secreta y la deja abierta. Esperas un momento y decides salir de la armadura y seguir al monje.

Cuando ya te quieres quitar el casco oyes pasos desde la puerta secreta y te quedas lo más inmóvil posible. El monje deja la llave debajo de la vela y sale de nuevo por la puerta que ahora se cierra silenciosamente.

Esperas algunos minutos, te quitas la armadura y vas al altar.

No te lo piensas más, coges la llave que está debajo de la vela, tocas el símbolo misterioso, ves cómo sube la pared blanca y entras por la puerta secreta que da paso a una escalera escondida…

Ve a la página 34.

Puedes seguir tu camino sin problema y llegas a una puerta de madera. La puerta parece muy fuerte y tiene una cerradura en el lado derecho y una marca en la parte superior. Pero esta vez el extraño símbolo no tiene ni letras ni números. Es solamente un un círculo dividido en seis partes. En el centro del círculo hay un agujero.

¿Qué haces?

A ¿Tienes una llave y la metes en la cerradura de la puerta?
Ve a la página 47.

B ¿Tienes una llave y la metes en el agujero del centro de la marca?
Ve a la página 48.

C ¿No tienes ninguna llave?
Ve a la página 39.

Tomas la salida y entras en un túnel estrecho. Caminas unos 100 metros y dejas atrás este lugar misterioso. Estás otra vez entre las dos paredes de roca donde ha empezado vuestra excursión. Enseguida encuentras el sendero. Oyes gritar tu nombre a lo lejos. Respondes. Llegan tus compañeros y estás superfeliz de verlos. Tus compañeros te cuentan que te están buscando desde hace una hora. No puedes creerles. Te parece que has estado varios días en las cuevas y galerías de la roca. Seguís vuestra excursión por la montaña, pero quedan muchas preguntas sin respuesta: "¿Dónde has estado?"

"¿Has solucionado el misterio de la marca en la roca?"

"¿Puede terminar tu aventura de otra manera?"

FIN

Estás en una sala cuyas paredes están cubiertas de tapices[24] con escenas de batallas. En el suelo de la sala hay una antigua alfombra roja.

En una gran chimenea arde un hermoso fuego. Hace un calor agradable. La pared que está detrás de la chimenea está decorada con escudos, espadas y otras armas. En los muebles de la izquierda y de la derecha de la sala puedes ver platos y copas. En el primer plano a la izquierda hay un atril[25] con un libro abierto. Parece muy antiguo e importante.

En el primer plano a la derecha ves una copa de oro decorada con rubíes rojos. Parece muy valiosa. Notas que a la derecha del mueble de la copa hay un túnel que parece una salida de aquí…

Hay alguien sentado ante la chimenea. No consigues ver quién es porque está de cara al fuego. Pero te parece que la persona lleva una armadura como un caballero antiguo. ¿Pero hay todavía caballeros hoy en día… ?

¿Qué haces?

A ¿No haces nada, observas y esperas?
Ve a la página 50.

B ¿Vas al atril y empiezas a leer el libro?
Ve a la página 56.

C ¿Vas a la copa de oro y la robas y sales por el túnel?
Ve a la página 58.

24 el tapiz: alfombra de hermosos dibujos para colgar en la pared
25 el atril: mueble con un plano inclinado que sirve para sostener libros y leer más cómodamente

"Adelante, ven aquí cerca del fuego", te invita una dulce voz. Te acercas. Es el hombre más viejo que has visto en tu vida. Tiene una cara simpática y una barba gris. Sus ojos son vivos e inteligentes. ¡Parece que es un caballero auténtico!

"Y bien ¿qué puedo hacer por ti?", te pregunta. Estás intimidado[26] y dices "Señor Caballero, me he perdido y no encuentro el camino de regreso. Quiero volver con mis compañeros. Pero también quiero saber dónde estoy. ¿Quiénes son los guardianes? ¿… y qué guardan? ¿… y quién es Usted?"

"¡Cuántas preguntas!", responde sonriendo el caballero. "No sé si puedo contestar a todas".

26 intimidado, -a: un poquito nervioso, -a

El viejo caballero te lleva hacia una cortina color rojo oscuro. La levanta y detrás ves una pequeña habitación. Parece una biblioteca. Las paredes están llenas de estanterías con libros, papiros y varios mapas.

Sin embargo, el caballero te lleva directamente hacia un bastidor[27] que muestra seis fragmentos de un viejo pergamino.

27 el bastidor: un marco (Bild)

"Aquí está, ¿ves? Cuando leas esto vas a encontrar respuesta a la mayoría de tus preguntas. De todas formas tienes que utilizar un poco de imaginación, porque, como ves, faltan algunas partes".

Miras con interés los trozos del viejo pergamino. Muchos están en mal estado y te cuesta mucho leerlos.

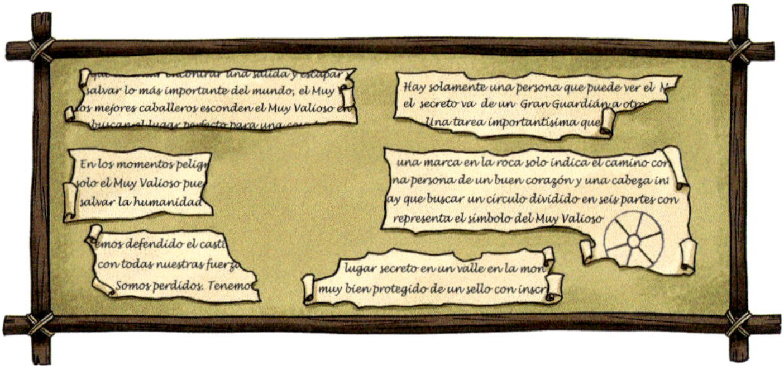

"¡Pero esto es imposible: Faltan demasiadas partes!", exclamas tú, tras mirarlos atentamente, "solo puedo descifrar pocas frases y no sé donde empezar!" "Es cierto, pero si de verdad quieres saber, vas a entenderlos."

"Es muy difícil y necesito una ayuda o una salida".

El caballero te mira intensamente y después de un rato largo en silencio te habla así: "Es más fácil prestar ayuda que pedir ayuda. Has sido muy valiente por pedir ayuda y muy inteligente por pedirla en el momento adecuado".

El viejo caballero mueve un armario y te muestra una puerta escondida detrás de él. "Puedes salir de aquí por esta salida secreta, si quieres. Simplemente tienes que pasar por un túnel y después vas a encontrar otra vez a tus amigos".

Entonces el viejo caballero se quita una cadena de oro de su cuello. En la cadena hay una brújula de oro con la misma forma de la marca en la roca.

"O puedes utilizar esta brújula mágica de oro. Te va a mostrar el orden de los trozos del pergamino.

Pero trátala con mucho cuidado: Es muy valiosa e importantísima para nosotros porque siempre nos enseña el camino correcto y bueno".

Y diciendo esto se marcha otra vez a la habitación de la chimenea y te deja con la brújula y el pergamino roto delante de la salida secreta.

¿Qué haces?

A ¿Decides descifrarlo todo con la ayuda de la brújula?
Ve a la página 54.

B ¿Encuentras la misión demasiado difícil, devuelves la brújula al caballero y tomas la salida secreta?
Ve a la página 47.

C ¿No te interesa el pergamino, pero te interesa la brújula valiosa, la robas y entras en el túnel de la salida secreta?
Ve a la página 58.

Pones la brújula en el centro del bastidor con los trozos del pergamino. Enseguida la aguja de la brújula empieza a moverse. Te enseña en total 6 posiciones: SO – N – SE – NE – E – O.

Entonces te das cuenta de que hay exactamente seis fragmentos del pergamino. Ahora entiendes: La brújula mágica te indica el orden de los fragmentos. Eso significa que el primer texto está al suroeste de la brújula, el segundo al norte, etc. Después de encontrar el orden de los fragmentos también intentas descifrar su contenido. No es fácil, pero consigues reconstruir la historia y apuntas las informaciones importantes:

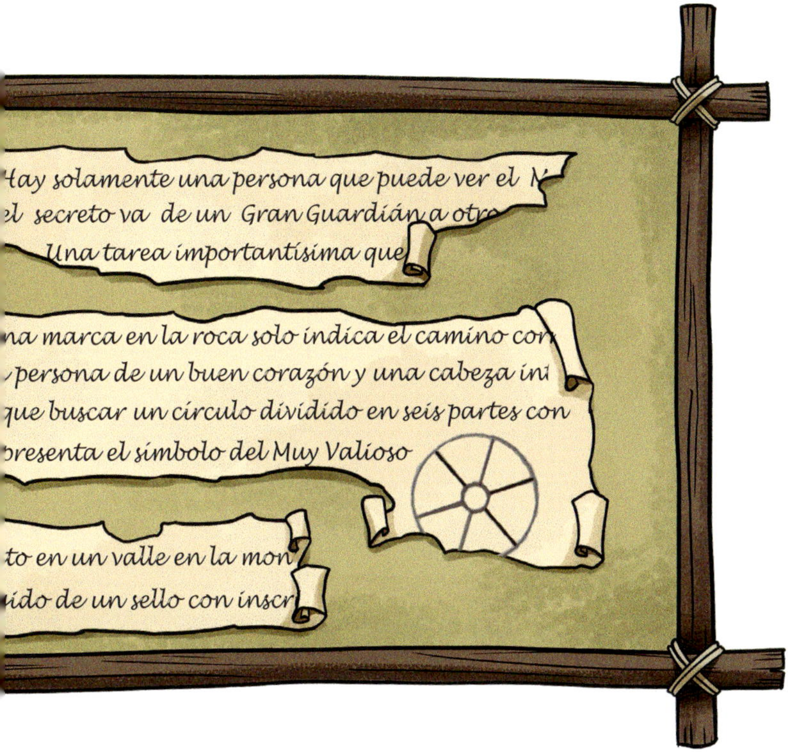

1. ______________________________
2. ______________________________
3. ______________________________
4. ______________________________
5. ______________________________
6. ______________________________

Ahora está todo más claro. ¡Lo que has descubierto es fascinante!

Ve a la página 59.

Estás delante del atril y lees:

Te asustas mucho. ¿Qué quiere decir esta frase? ¿Has tenido demasiada curiosidad? ¿Tienes que morir porque ahora te van a matar como a un gato? En cualquier caso esta frase no significa nada bueno…

Tus pensamientos te preocupan muchísimo y empiezas a sudar cuando de repente notas una fría mano de hierro en tu hombro. Solamente puedes pensar en una cosa: “¡Ahora alguien me va a matar! ¡Que horror!”

Te giras muy despacio y miras directamente a una cara viejísima.

Pero también es una cara muy simpática con ojos dulces e inteligentes. Es el caballero que has visto antes sentado delante del fuego. Te disculpas y dices: “Lo siento mucho. Siempre tengo mucha curiosidad. Ya sé que es una mala costumbre. Por favor, ¿puede ignorar mi error y me puede dejar ir? Me he perdido en la montaña y solo quiero regresar con mis amigos”.

El caballero viejo sonríe y te contesta: Es verdad: La curiosidad puede causar muchos problemas y a veces hay que superarla. Pero también te digo: guarda tu curiosidad porque existe también otra verdad sobre ella: la curiosidad es la forma más pura de la inteligencia. ¿Sabes que Alberto Einstein dijo una vez: "No tengo talentos especiales, pero sí soy profundamente curioso"? Este mundo necesita personas como tú: buenas, inteligentes, curiosas… ¡y con respeto!

Me has pedido perdón y te perdono. Es más, te ofrezco la respuesta a tus preguntas.

¿… o prefieres salir de aquí ahora mismo y regresar con tus amigos?

¿Qué haces?

A ¿Quieres respuestas?
Ve a la página 51.

B ¿Solamente quieres salir y ver a tus amigos?
Ve a la página 65.

De repente el túnel produce un viento frío y te absorbe como una aspiradora[28] gigante. Luchas con todas tus fuerzas pero el viento es más fuerte y te tira cada vez más profundamente en el túnel. Al final casi te caes en un agujero profundo. Miras abajo y ves un monstruo horroroso que te quiere comer. Intentas subir, pero es imposible. No tienes suficiente fuerzas. Te duelen las manos y no puedes más. Gritas, pero no viene nadie a salvarte…

Te caes en el agujero, el monstruo horroroso abre su fea boca llena de dientes afilados. Sabes que ahora ha llegado tu último momento: ¡Vas a morir!

Ve a la página 67.

28 la aspiradora: máquina que absorbe el aire para limpiar el suelo y alfombras

Has descubierto muchas cosas, pero aún quedan muchas preguntas sin respuesta. El Gran Guardián puede ayudarte a aclarar las últimas dudas. Vas a verle. Está sentado delante de la chimenea.

"¿Y qué, has conseguido reconstruir la historia de los pergaminos?". "Sí, pero todavía hay algunas cosas que no comprendo". "¿Qué quieres saber?". "¿Qué es "el Muy Valioso"?". "Esto solamente se lo puedo explicar a una persona limpia de corazón, y tú debes demostrar que lo eres". "¿Como puedo demostrarlo?". "Tienes que superar una última prueba. Es muy difícil".

¿Qué haces?

A ¿Aceptas pasar la última prueba?
Ve a la página 60.

B ¿No aceptas?
Ve a la página 65.

El Gran Guardián te lleva a otra sala y se para delante de una puerta de metal. En la parte superior de la puerta ves una construcción en forma de un círculo dividido en seis partes. Es el sello que cierra la puerta, pero está vacío. Solamente hay 6 números que indican el orden correcto.

"Mira esto. Esta es la puerta", te dice el Gran Guardián y te muestra el sello. "Como ves, faltan las seis piedras. Si alguien de buen corazón las pone en el lugar correcto la puerta se va a abrir. Puedes intentarlo una sola vez. Si eres la persona que buscamos lo vas a conseguir. Aquí están las piedras". El Gran Guardián te indica una pared y ves seis grandes piedras colocadas en el muro. "Te doy una ayuda: Empieza con la piedra A y ponla en la parte 1 del sello." Entonces te desea buena suerte y se va…

Lees atentamente lo que está escrito en cada piedra:

A

B

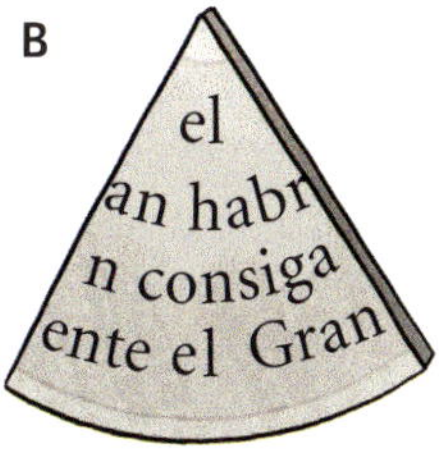

C

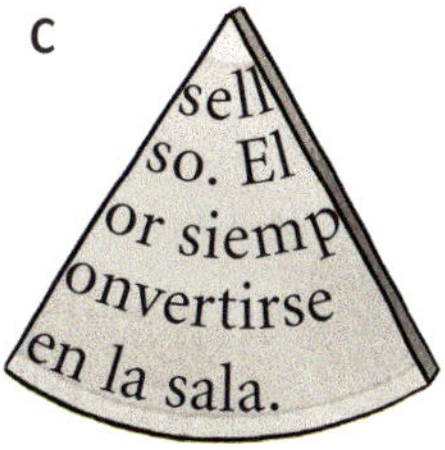

D

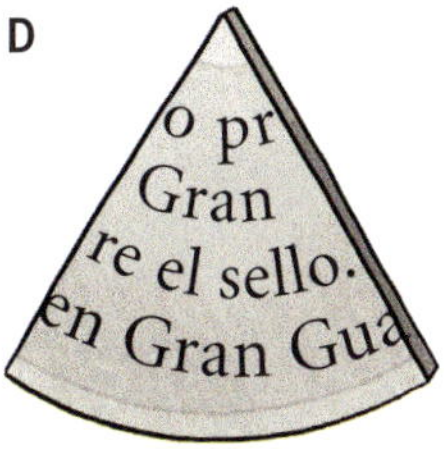

E

F

¿Qué haces?

A ¿No aceptas?
Ve a la página 65.

B ¿Pones las piedras en el siguiente orden: 1A-2D-3E-4B-5F-6C?
Ve a la página 66.

A ¿Pones las piedras en el siguiente orden: 1A-2B-3E-4D-5C-6F?
Ve a la página 62.

Nada más colocar la última piedra la marca se ilumina. Una luz fuerte te llena de un calor agradable y de felicidad. Oyes cómo se mueve una cerradura y te parece que la puerta ya no está cerrada. Acercas tus manos para abrir la puerta, pero…

"¡Quieto! ¡Espera!", te grita el Gran Guardián. "Todavía no puedes entrar. Tienes que acostumbrarte a esa luz mágica y además necesitas algunas informaciones secretas que hemos guardado desde hace siglos. Has superado la prueba, es cierto, pero te tengo que preparar bien antes de que veas lo que contiene esa sala. "Vale", contestas, un poco impaciente, "dime lo que tengo que saber". "Hace siglos que esperamos. Ahora solamente quedo yo. Hemos esperado a una persona joven, buena e inteligente que pueda finalizar la gran tarea. Y ahora, por fin, has llegado tú. Pareces de buen carácter y una persona digna de cuidar el Muy Valioso". "¿Cuidar el Muy Valioso y finalizar la gran tarea?"

"Sí, yo ya soy viejo y no puedo más. Solamente deseo descansar un poco antes de morir. ¿Aceptas ocupar mi puesto y convertirte en el Gran Guardián del Muy Valioso? Si respondes que sí puedes ver el Muy Valioso y conocerás la gran tarea, que es muy importante para toda la humanidad. Piensa bien tu decisión. Tú eres la persona perfecta y puedes hacer cosas muy importantes. Pero también es mucha responsabilidad.

Yo te espero en la habitación de la chimenea. Tengo que sentarme porque estoy muy, muy cansado."

¿Qué haces?

A ¿Piensas, vas al Gran Guardián y aceptas la gran tarea?
Ve a la página 64.

B ¿Piensas, vas al Gran Guardián y no aceptas la gran tarea?
Ve a la página 65.

¿Ser Gran Guardián y guardar el Muy Valiente? Debe ser una tarea importantísima. Y tú siempre has soñado con ser una persona valiente e importante como un caballero.

Piensas en la vida que te espera en este lugar misterioso y mágico. Piensas en la luz que ilumina la marca y te sientes tranquilo en tu interior. Es verdad que vas a echar de menos a tus amigos y familiares, pero ellos te pueden visitar y apoyar. Además alguien tiene que finalizar la Gran Tarea. Y esta es una ocasión que no quieres dejar pasar. "Acepto", dices tranquilamente. "Ve pues. Entra en la sala".

Ve a la página 68.

El Gran Guardián parece muy desilusionado. “Pareces ser la persona que hemos buscado tanto”, murmura, “pero nos hemos equivocado. ¡Qué pena!”. Entonces se levanta y coge una copa de oro con pequeñas esmeraldas verdes. El Gran Guardián te dice: Ahora nos tenemos que despedir. Te voy a enseñar cómo puedes salir de aquí y dónde vas a encontrar a tus amigos. Pero antes te ofrezco una copa de nuestro mejor elixir.

Te da la copa de oro con un líquido rojo que huele fantásticamente. Bebes el elixir y te despides.

Te despiertas en el sendero, rodeado de tus compañeros.

"¡Eh! ¡Qué sueño tan profundo! Te estamos buscando como locos por todos lados y tú en cambio, dormido!"

Todo esto te parece muy raro, tienes la impresión de haber tenido un bellísimo sueño con una aventura fantástica. ¿Ha sido sólo un sueño? Quizás…

FIN

Te despiertas en el sendero, rodeado de tus compañeros. "¡Eh! ¡Qué sueño tan profundo! ¡Te estamos buscando como locos por todos lados y tú en cambio, dormido!". Todo esto te parece muy raro, tienes la impresión de haber tenido una pesadilla[29] horrorosa: Has robado algo, pero sabes que nomalmente no haces algo así en la realidad. Además has pasado una situación de muchísimo miedo y totalmente horrible. Ha sido sólo una pesadilla. Quizás…

FIN

29 la pesadilla: un sueño malo

Entras en la sala. Te envuelve una luz brillante. No consigues ver lo que hay en la sala porque hay demasiada luz.

Poco a poco tus ojos se acostumbran y ves que la luz viene de una lámpara con forma de copa, colocada sobre un pequeño estante de mármol.

La luz parece palpitar[30] como un corazón. En tu cabeza oyes una voz suave y agradable que te dice: "Esta es la luz que ilumina todas las mentes y todos los corazones. Ha llegado el momento de llevarle esta luz a la gente.

Esta es tu misión, la Gran Tarea. Con esta luz vas a salvar la humanidad y el planeta. Se van a acabar la injusticia, la soledad, la destrucción y las guerras. Lleva esta luz a todos los pueblos, ciudades, países y continentes…

…y la gente va a encontrar justicia, unión, protección y paz. Finalmente la humanidad va a vivir en felicidad".

FIN

30 palpitar: moverse rítmicamente